AF253752

DU RÉTABLISSEMENT

DE L'ORDRE

EN FRANCE.

Par le Chevalier CHALLAN,

officier de la légion-d'honneur,

ex-membre de la chambre des députés constituée en 1814.

A PARIS,

CHEZ L. G. MICHAUD, IMPRIMEUR DU ROI,
rue des bons-enfants, n°. 34.

ET CHEZ PETIT, Libraire de S. A. R. MONSIEUR, frère du Roi,
palais-royal, galerie de bois, n°. 257.

M. DCCC. XV.

DU RÉTABLISSEMENT

DE L'ORDRE

EN FRANCE.

Il ne peut s'opérer sans une entière confiance dans le Roi et dans sa famille ; il ne peut se maintenir sans l'exacte observation de la Charte constitutionnelle.

Les haines qui ont pris naissance au milieu des révolutions politiques s'éteignent rarement, elles deviennent même la source de nouvelles divisions, lorsqu'au lieu d'en imposer aux partis, on se contente de les disperser : les événements dont nous avons été les témoins, depuis l'exil de celui qui naquit pour le malheur des peuples, confirmeraient cette vérité si elle avait besoin d'être prouvée.

L'absence de Napoléon avait rendu la paix à l'Europe ; dix mois d'un gouvernement paternel faisaient oublier à la France les maux dont elle avait été affligée ; l'industrie en tout genre reprenait son activité, et la vieillesse concevait l'espoir d'être consolée par le spectacle des vertus dont la jeunesse allait enfin retrouver l'exemple, lorsque le génie du mal reparut.

Sans rappeler toutes les circonstances qui lui ont permis de ressaisir son funeste pouvoir, on sera peut-être forcé, pour faire connaître la véritable situation dans laquelle se trouve le royaume, de citer quelques faits; mais ce sera sans applications directes, attendu qu'il est inutile d'affliger ceux qui, séduits par des espérances trompeuses, ont plutôt été égarés par la manie des systêmes, que disposés à servir les fureurs des factions, et que l'on doit espérer qu'ils abandonneront une route dans laquelle ils perdraient toute estime.

Nul ne peut plus en effet conserver d'attachement pour celui qui n'offrait des faveurs qu'autant qu'il avait besoin du service des individus, bien résolu de se débarrasser ensuite de ceux qui deviendraient inutiles à ses desseins, ou dont sa jalousie craindrait la présence; il en a donné la preuve en abandonnant, au milieu du péril et à diverses époques, les hommes les plus dévoués.

Le bandeau, qu'une espèce de fanatisme semblait avoir attaché sur les yeux de ses partisans, doit être tombé; le zèle même que l'on a affecté de montrer pour son fils ne pouvait être sincère;

la longue minorité d'un enfant n'offrant aucune garantie, et exposant au contraire la nation à toutes les intrigues que pourrait susciter son père rêvant une seconde rentrée en France, ou à la cupidité d'oncles paternels, ennemis de toute régence qui ne serait pas dans leur main (1). D'ailleurs si la mort enlevait cet enfant sans postérité (2), la France aurait de nouveau à gémir de l'oppression d'une famille qu'elle doit redouter, ou des dissensions civiles.

On n'ignorait pas l'absurdité du projet, mais on voulait cacher d'autres desseins ; était-ce réellement celui de liberté et d'égalité absolues, à l'aide duquel on abusa si long-temps de la crédulité publique ? c'est ce qui n'a pas été bien démontré ; si on le nie aujourd'hui, du moins a-t-on aperçu dans les meneurs le désir de s'emparer du pouvoir, sauf à en disposer ensuite selon leur intérêt et à des conditions qui leur soient favorables, ainsi que cela s'est pratiqué dans les républiques, même les plus anciennes et les plus austères ; car toutes ont offert le

---

(1) On n'a pas oublié leurs procédés envers l'archiduchesse Marie-Louise lors de sa retraite à Blois en 1814.

(2) A combien de chances la vie d'un enfant n'est-elle pas exposée avant que d'arriver à l'âge d'homme ?

spectacle de la rivalité entre les citoyens et la tyrannie des plus violents ou des plus adroits, jusqu'à ce que ceux-ci, renversés par un plus fort ou un plus corrompu, fassent place peut-être à un homme de bien, dont la magistrature est encore de moins longue durée.

Quelles que soient au surplus les causes ou les effets des mouvements politiques, les mêmes motifs leur ont toujours servi de prétexte; sous Louis XI on appela *guerre du bien public*, les démarches plus qu'inconsidérées des seigneurs » émus de compassion pour le pauvre peuple, » et qui, pour le bien du Roi et de sa couronne, » se saisissaient de l'argent, faisaient arrêter le » seigneur de Crussol et Juvenal-des-Ursins » : on appela également ligue sainte, la révolte des Guises, voulant chasser l'héritier légitime et monter sur le trône. Ce fut aussi à l'aide de griefs supposés contre le ministre, que les Frondeurs forcèrent la reine d'emmener Louis XIV hors de la capitale. Enfin ce qui s'est passé depuis vingt-cinq ans a toujours été annoncé comme devant procurer à la nation gloire et prospérité.

Tant de fausses démarches, tant de fautes commises au préjudice de l'état et des particuliers, doivent faire soupirer après le retour de l'ordre dans quelque rang qu'on se soit trouvé.

Ils n'hésiteront pas certainement ceux qui, effrayés du retour de Napoléon, ont espéré se garantir par la soumission (1) : l'éloignement de Buonaparte leur est aussi favorable qu'à ceux qui lui ont été opposés, puisque sa vengeance ne fut jamais qu'ajournée.

Un obstacle plus grand s'élévera à l'égard de ceux qui se sont identifiés avec l'auteur de leur fortune ; mais s'il en est, comme on doit le présumer, qui ont vraiment aimé leur patrie, le nombre des individus, dont le délire sera devenu incurable, se bornera à ceux qui, après avoir rendu un premier hommage au Roi, ont osé préparer ou aider le retour de celui qui traînait à sa suite la guerre et tous ses fléaux.

On devrait peut-être aussi ranger dans la même classe les systématiques qui, n'ayant pas trouvé dans l'usurpateur la docilité dont ils s'étaient flattés, consentirent à ramener le Roi sous des conditions qui opéraient son retour sans celui de la royauté.

---

(1) Peut-être même que cette résignation a été utile en ce sens, qu'il est des services habituels qui ne peuvent être abandonnés sans occasionner de graves inconvénients.

Les nombreux et sanglants combats qui ont étonné la terre et fatigué les plus intrépides, doivent également leur faire désirer le repos ; de sorte qu'il devient un besoin pour les anciens militaires qui ont échappé à la mort, et un avantage pour la jeunesse que la guerre eût immolée à son tour, et qui pourra désormais acquérir des forces et des connaissances dont elle eût été à jamais privée.

Si donc chacun rentrait en lui-même et agissait selon son véritable intérêt, aucun ne se priverait des ressources que lui offre la justice ou la clémence, et on verrait cesser l'état d'anxiété dans lequel se trouve la France par la division des esprits, division qui a prolongé le séjour des troupes alliées jusqu'à ce que « ces » hommes, dont la renommée est un sujet de » douleur pour la France et d'effroi pour l'Eu- » rope, fussent hors d'état de nuir. »

Toutefois on est loin de voir d'un œil sec la détresse des villes et la misère des campagnes, au lieu d'y applaudir comme quelques-uns applaudissaient naguère à la terreur qu'inspiraient les fédérés ; tous ceux qui ont fait des vœux pour le retour du Roi gémissent et s'empressent, afin d'arrêter, pendant qu'il en est temps encore, des malheurs qu'ils n'ont pas provoqués.

La mauvaise foi seule peut adresser des reproches à d'autres qu'à ceux qui, par la violence autant que par la séduction, ont rendu les Français instruments et victimes de la guerre : jamais l'Europe armée n'eût couvert de ses phalanges le territoire de la France, si les factions n'eussent commencé à déchirer son sein ; et le séjour des troupes étrangères eût été moins long, si des cris séditieux, des discours incendiaires, et la ridicule prétention de conserver un assemblage de couleurs, devenu odieux à cause des excès auxquels il avait servi de signal, n'eût manifesté la persévérance dans les principes désorganisateurs et l'existence d'un parti contre lequel on devra être long-temps en garde.

Ecrasés par les charges qui pèsent à la fois et sur l'innocent et sur le coupable, on ne doit pas cependant imputer à la volonté des souverains les écarts d'une soldatesque pour laquelle la différence du langage est une première source de mésintelligence, et à laquelle la haine, l'ivresse, l'envie d'user de répresailles fait désirer d'échapper à la discipline : les princes alliés, au contraire, ne peuvent vouloir que ce qui est dans l'ordre ; « si la justice » et la bonne foi étaient bannies du reste du » monde, disait un de nos rois, on retrouve-

» rait toujours ces vertus dans la bouche et
» dans le cœur des rois (1). »

La puissance des armées fut aussi celle de
l'empire romain , et aucun monarque n'ignore
combien cette puissance lui devint funeste. Sa
milice, enivrée de succès, fière de l'impunité
que lui assurait sa force, ne faisait consister sa
gloire que dans l'art de vaincre ; et cet art,
n'étant pour elle que celui de la destruction
et de la spoliation , Rome elle-même éprouva
les effets de la corruption de ses légions ; elles
avaient asservi l'univers ; elles détruisirent les
lois de l'empire.

C'est ce qui arrive dès que la force armée
cesse d'obéir, et elle est tentée de le faire dès
qu'elle s'aperçoit que toutes les faveurs ne sont
plus pour elle.

Cette leçon que donne l'antiquité, et dont
l'histoire moderne démontre la sagesse, prouve
que ni la cumulation des richesses, ni l'accroissement du territoire, n'assurent la durée
des empires ; elle prouve en outre que si le
courage des soldats qui les défendent un temps
s'accroît par l'habitude des camps , elle leur
fait aussi contracter une dureté de caractère
qui les accoutume à se faire raison par la force,

____

(1) Jean II , roi de France.

ce qui les rend ensuite plus difficiles à se ployer aux devoirs de la société.

Maintenant que les souverains trouvent dans la loyauté du Roi, et on pourrait ajouter dans l'attachement des Français pour lui, une garantie plus forte que toutes les précautions militaires et politiques, on doit espérer que satisfaits d'avoir étouffé le germe de nos discordes civiles dont les brandons auraient incendié l'Europe, ils voudront jouir dans toute sa plénitude de notre reconnaissance, et la page de l'histoire qui en transmettra le témoignage à la postérité, ne sera point altérée par le récit des plaintes qu'arracheraient involontairement des pertes trop considérables, ni effacée par nos larmes.

Pourrait-on d'ailleurs se faire assez illusion pour se laisser persuader, par les artisans de notre ruine, que si l'on eût laissé Napoléon jouir de son envahissement, la France eût recouvré sa prospérité. Hélas! n'a-t-il pas été possesseur de cette belle France, et n'en a-t-il pas fait disparaître les richesses et la population par l'énormité et la diversité des impôts, par des levées d'hommes, d'autant plus meurtrières qu'elles dévoraient les générations avant qu'elles fussent parvenues à l'âge de la maturité, s'il est permis de s'exprimer ainsi.

Croit-on qu'il aurait cessé d'embraser l'Europe?
Ses partisans peuvent-ils même se flatter qu'il
leur aurait conservé les énormes traitements
accumulés sur leur tête? Quelles auraient été
ses ressources pour satisfaire en même temps
aux besoins de l'état, à son luxe asiatique et à
ses fantaisies? Le riche, une fois dépouillé, le
pauvre se serait vu arracher sa subsistance; et
ce ramas d'hommes inconnus, appelés en apparence pour combattre l'étranger, n'aurait-il
pas bientôt été dirigé contre le citoyen? N'est-
ce pas pour payer ses funestes services qu'à son
arrivée Napoléon spolia le trésor qu'une sage
administration avait tellement rétabli, qu'il
faisait face à tous les services.

Mais sans s'arrêter à des promesses falla-
cieuses faites au nom d'un homme accoutumé
à tromper, on doit repousser une assertion
que l'on a long-temps cherché à propager à
dessein de détourner les cœurs du souverain
le plus digne de les posséder.

Les Français, a-t-on dit, ne peuvent être
bien gouvernés que par une tête ceinte de
lauriers : sans doute une nation vaillante aime
à voir briller dans son chef toutes les qualités
d'un grand Roi; mais la gloire qui s'acquiert
au milieu des batailles est-elle la seule qui
convienne à un grand monarque? Louis XIV,

que la France peut citer avec orgueil, n'a-t-il pas montré le regret de l'avoir trop chérie (1).

Si donc le courage, la prudence, sont les vertus qui constituent la vraie bravoure, qui plus que Louis XVIII a montré qu'elles lui étaient familières ? Il s'est élevé au-dessus des circonstances par son sang froid lorsque sa dignité et sa personne ont été menacées. il a abandonné sa paisible retraite pour s'asseoir sur un trône entouré d'écueils ; et certe s'il s'est rendu aux vœux de la France, ce n'est pas qu'ébloui il se soit dissimulé la pesanteur du fardeau dont il allait se charger ; mais il a regardé comme premier devoir celui d'exécuter le pacte existant avec la nation française et sa famille : persuadé que si les citoyens doivent obéir à une dynastie qui a reçu la foi de leurs ancêtres, il est convaincu que rien ne peut dispenser les princes de cette dynastie d'accomplir les obligations qui leur ont été imposées par la divinité, par la nature, et une convention aussi antique que solennelle ; au-

---

(1) Lorsque Louis XV, qui avait plus d'une fois fait preuve de courage, mourut, M. d'Argenson disait à un homme de beaucoup d'esprit, mais qui, jeune alors, se permettait de parler librement de ce prince : « Vous le regretterez, il aima la » paix. »

trement cette institution salutaire et sacrée de la royauté héréditaire serait imparfaite ; la famille régnante et les peuples seraient en proie à l'inquiétude la plus vive, et pour le présent et pour l'avenir.

C'est donc à un sentiment d'amour, et au respect pour la foi jurée, que les Français doivent l'heureux retour d'une famille dont la bonté est le principal attribut. « Je veux, disait Louis XVIII, aux fidèles députés des départements, *vivre et mourir avec vous* ». Si sa voix alors eût pu percer les voûtes du palais et retentir aux oreilles du peuple, jamais ! non jamais la perfidie n'aurait forcé le Roi à s'éloigner.

Cependant, sans ce départ qui a coûté tant de larmes à la saine partie de la nation (1), que serait-il résulté des efforts d'un si précieux

---

(1) Les vœux de la nation se sont évidemment manifestés au départ du Roi et de sa famille, par les larmes ; et à son retour par l'enthousiasme. Ces signes ne sont pas cependant toujours ceux de la constance. On en fait la remarque, parce que la nation française, loin de mériter ce reproche, a conservé sa tristesse et son deuil en présence même et sous le joug de Napoléon. Pendant son séjour, le jardin des Tuileries fut abandonné, on n'y voyait que quelques groupes de gens payés ; la promenade des Champs-Élysées le fut à son tour tout le temps que Napoléon demeura au palais de l'Élysée Bourbon.

courage ? On frémit d'y penser pour l'honneur du siècle et de la France : hélas ! qui aurait pu répondre de la fougue d'une populace affranchie de toute obéissance ? La garde nationale, malgré sa fidélité et sa vigilance, aurait-elle pu long-temps soutenir un choc inégal ?

La retraite du Roi, devenue nécessaire pour assurer sa conservation et nos espérances, devait encore ajouter à la haute opinion qu'il avait donnée de la force de son ame ; il montra « ce calme, cette imperturbabilité qui règnent » dans les actions quotidiennes de l'homme de bien (1) » ; et la même main qui essuyait les larmes des habitants venant à l'envi lui offrir leurs services, soutenait encore l'énergie des volontaires de tous les grades et de toutes les classes qui s'empressaient autour de sa personne.

L'héritier des Bourbons ne peut être au-dessous des vertus d'une famille féconde en héros ; et sans doute, ce qu'à Dieu ne plaise, il saurait, s'il y était forcé comme Charles V, *triompher sans combattre, et du milieu de sa cour indiquer à ses guerriers le chemin de la victoire.*

____

(1) OEuvres de Pythagore.

Le même sang coule dans vos veines, princes qui êtes le soutien du trône, et qui déjà avez couru tant de dangers; à combien d'inquiétudes la valeur de Monsieur ne nous a-t-elle pas livrés, lorsqu'à Lyon il chercha à combattre l'ennemi de la France; mieux secondé c'en était fait et la patrie était sauvée!

Que d'actions de grâces n'avons-nous pas à rendre à M. le duc d'Angoulême, le Midi proclame son habileté et vante sa bravoure; et cette princesse, si digne de notre admiration et de nos respects, si intéressante par ses malheurs et ses vertus, n'est-elle pas douée des nobles qualités qui concilient les esprits et enlèvent les cœurs; son courage au milieu des dangers, sa prudence, son amabilité touchante, ont prouvé qu'elle possédait aussi les hautes qualités de ses augustes parents.

Vous avez également des droits à la reconnaissance des Français, jeune prince (1) dont l'élan généreux sut arrêter l'impatience de ces braves qui, à Béthune, étaient indignés de la défection et des cris séditieux d'une troupe égarée; elle était française et vous aviez prévu son repentir.

Non, il est impossible que les Français mé-

---

(1) Monseigneur le duc de Berry.

connaissent la voix des descendants du Grand-Henri, dont la mémoire leur est si chère et qui sont sa vivante image ; éprouvés comme lui par le malheur, ils conserveront comme lui ces souvenirs qui rendent juste et compatissant. Dieu puissant ! si la France a enfin expié ses fautes, dispose des cœurs et rends-les dignes de jouir d'un si grand bienfait ; fais qu'au lieu d'écouter les conseils de l'orgueil, qui, d'un ton douloureusement hypocrite, veut persuader que l'honneur français est flétri par la présence des étrangers dans le royaume (1) ; fais que le militaire, qui se souvient si bien de ses exploits, se rappelle aussi combien il fut fidèle à ses Rois ; fais qu'il reconnaisse combien il est au-dessous de lui de faire pencher la balance en faveur d'un parti ; qu'il sache, au contraire, que l'honneur ne se conserve que par l'accomplissement des devoirs, et que le sien est de soutenir et de faire triompher la cause du prince, qui, par sa sagesse, vient nous réconcilier avec les nations voisines et avec nous-mêmes. Hâtons-nous donc de nous ranger sous la bannière de

______

(1) Ce que l'on répète aujourd'hui avec mystère, on le disait hautement il y a dix-huit mois.

nos anciens rois ; on se sert de cette expression parce qu'elle fut consacrée sous la monarchie que Louis XVIII vient de nous rendre,
en coordonnant les dispositions de la charte
qu'il a donnée avec l'ancien droit public de la
France.

Il était fondé sur les usages que nos pères
fixèrent en les écrivant, et que les rois res-
pectèrent dans leurs ordonnances postérieures ;
de sorte qu'à leur exemple, le Roi unit le passé
avec le présent, en prenant en considération
« les effets des progrès toujours croissants des
» lumières, les rapports nouveaux que ces
» progrès ont introduits dans la société depuis
» un demi-siècle. » Soutenu par de grandes
puissances, le Roi aurait pu dire au peuple
Français : « Des malheurs inouïs vous ont
» accablés ; pour les faire cesser, pour com-
» primer toutes les factions et pour votre salut,
» je vais reprendre le sceptre avec tous les
» droits dont ont joui mes aïeux. » Son cœur
lui donne d'autres conseils, et la prudence,
qui fut en lui le premier don de la nature,
lui dicte une charte, dont les dispositions concilient les besoins du gouvernement avec ceux
du peuple, et les mettent en harmonie avec
les intérêts des nations étrangères ; seul moyen
de prévenir les guerres et les commotions dans

lesquelles sont également à plaindre et les vain-
queurs et les vaincus.

Ainsi, le Roi ne calculant que le bonheur
du peuple, n'a réservé à sa couronne que le
droit de le rendre heureux ; il faut donc bien
se garder de restreindre ce droit, il faut le
respecter tout entier, si on ne veut pas redonner à la terre le triste spectacle d'une
nation sans cesse agitée par la tempête ; et pour
qu'il ne reste aucun doute sur la nécessité de
se confier sans réserve aux soins paternels du
Roi, que l'on se rappelle le passé, l'on re-
connaîtra la prépondérance que l'ancienne monarchie avait acquise par la valeur de ses troupes et la loyauté de son cabinet. La modération des rois de France avait entretenu une
longue paix en Europe, tandis qu'un nouveau
système y a enfanté et prolongé une guerre
d'extermination.

Que deviendrait donc la France si de nouvelles discussions venaient à ressusciter l'esprit
anarchique, et à reverser au milieu de nous
la coupe de l'adversité. N'est-on pas las des
essais politiques dans lesquels les écrivains du
dernier siècle, en offrant l'exemple de l'Angleterre, ont entraîné l'assemblée constituante
et les assemblées qui l'ont suivie.

Il est vrai que la première ne crut pas devoir

adopter complètement la législation anglaise ; or , s'il fut reconnu alors l'impossibilité d'y ployer entièrement nos habitudes, pourrait-on admettre maintenant , avec plus de raison , une constitution étrangère dont les principes sont disséminés dans des concessions séparées , faites à divers époques , modifiées et interprétées dans différents temps, en sorte que l'on pourrait dire que cette constitution n'existe que par des exceptions d'autant plus aisées à établir que les orateurs anglais conviennent qu'il existe une partie non écrite (1).

Avant que d'examiner si les lois de l'Angleterre peuvent, sans inconvénient , être transportées en France , il est bon de vérifier si , comme se le persuadent plusieurs personnes, la richesse et la puissance de l'Angleterre résultent nécessairement de ses constitutions.

Les empires ont obtenu tour à tour un degré d'élévation proportionnel à leurs moyens avec des régimes différents ; plusieurs ont trouvé

____

(1) Voyez l'ouvrage de M. Delaborde, ayant pour titre : *De la représentation véritable de la communauté.* Comme peu d'auteurs ont donné de la constitution anglaise un précis plus rapide et plus clair, j'espère que M. Delaborde ne s'offensera pas si j'emprunte de son travail les citations nécessaires pour appuyer quelques observations.

dans leur grandeur même , le germe de leur décadence ; ainsi la splendeur des états, réelle ou fictive, solide ou passagère , tient quelquefois à des causes qu'il n'est pas toujours possible d'expliquer. Il est donc permis de douter de l'extrême influence que l'on attribue à une législation sur laquelle les hommes les plus éclairés sont très partagés (1). Ne

---

(1) Voyez l'ouvrage de M. de Lévis, l'*Angleterre au commencement du* 19ᵉ. *siècle*. On y lit, pag. 558 : « Ceux qui re-
» gardent la tranquillité comme le premier des biens, s'ef-
» frayent de l'agitation perpétuelle de ce peuple, et des dé-
» sordres qui sont quelquefois la suite de ces mouvements tu-
» multueux de citoyens qui ont le droit de s'occuper de la chose
» publique, et qui souvent en abusent. Ils sont choqués de la
» licence de la presse, de l'irrévérence des sujets envers le roi,
» les princes du sang ; ils désapprouvent ce défaut de confiance
» dans l'administration, qui, en comprimant son énergie, lui
» fait perdre au-dehors des occasions de victoire et de succès.
» Écoutons le gouverneur Livingston dans son examen du gou-
» vernement d'Angleterre , depuis le ministère d'état jusqu'au
» moindre employé ; il se forme un complot général pour piller
» la nation ; la vénalité et la corruption deviennent le lien com-
» mun par lequel les différentes parties de cet infâme système
» d'administration sont unies dans un seul et même intérêt. En
» envisageant les choses sous ce point de vue, assurément ce
» serait l'avantage de la nation que le gouvernement se chan-
» geât en une monarchie absolue , plutôt que de rester tel
» qu'il est. »

pourrait-on pas , avec plus de raison , attribuer à la position physique de l'Angleterre ,
la première cause de sa fortune ? D'abord elle
la met à l'abri des attaques imprévues , celles
qu'on tenterait contre elle seraient exposées à
trop de hasards pour être longues ou dange-
reuses ; le sort des armes au-dehors ne peut
non plus lui faire perdre que quelques vais-
seaux , quelques portions de ses colonnies ,
toutes pertes qui ne portent point directement
sur le sort de la mère patrie et que le temps
peut réparer. Les troubles qui peuvent naître
à l'intérieur , doivent aussi s'appaiser promp-
tement , puisqu'ils ne peuvent être suscités ni
entretenus par la politique étrangère , elle
emploirait difficilement la séductiou dans un
pays où toutes les fortunes concentrées dans
le trésor public et dans le commerce maritime,
sont nécessairement soumises à la protection
et à l'influence du gouvernement ; mais cette
influence et cette protection se trouvent modifiées par l'obligation où sont les intéressés de
rapprocher leur industrie , au lieu de suivre
la marche des peuples agricoles dont le genre
de propriété tend à les isoler.

La richesse afflue donc en Angleterre par
l'étonnante activité du commerce maritime,
le plus productif et le moins dispendieux de

tous ; elle s'y conserve par l'économie, et la masse en devient d'autant plus considérable qu'elle s'accumule sur une surface moins étendue. Ainsi l'Angleterre peut être comparée à une vaste communauté qui acquiert toujours, et autour de laquelle on fait sentinelle pour en défendre les approches ; tandis que, dans les autres royaumes, et particulièrement en France, l'étendue du territoire, le nombre des villes, la variété des productions du sol, exigent une administration nombreuse, difficile à surveiller, et dont le secret s'évapore par tous les côtés ; enfin, un royaume qu'aucune mer ne sépare, a besoin de places fortes très rapprochées, d'un état militaire et d'un matériel immense ; encore a-t-on malheureusement la preuve qu'aucune de ces précautions ne préserve des invasions. Lorsqu'elles ont lieu les impôts annuels quoiqu'excessifs, deviennent insuffisants, et on s'épuise en sacrifices. En vain, pour les couvrir, recoure-t-on aux produits territoriaux, ils s'obtiennent trop lentement pour satisfaire aux besoins du moment, et la reproduction qu'on attend dans l'avenir est loin de suffire aux anticipations ; d'ailleurs elle diminue en raison du nombre des bras enlevés au travail, et de celui des capitaux arrachés à l'industrie.

En Angleterre, les spéculations commer-
ciales entrent pour beaucoup dans la fortune
des particuliers. En France, ce n'est qu'à Paris
et dans quelques grandes villes que le mouvement de la bourse est connu ; peut-être est-ce un
bonheur ; car si ce jeu, qui n'est pas toujours
une légitime combinaison, s'étendait dans les
campagnes, bientôt les avides spéculateurs des
villes dévoreraient jusqu'à leur subsistance (1).
On ne peut donc trop se défier d'un systême qui
repose sur l'accroissement de la dette publique,
que l'on ne grossit jamais qu'au préjudice des
propriétaires fonciers. En ne perdant point de
vue que la richesse de la France est fondée
sur la fertilité du sol, et que cette fertilité est
due à des travaux méthodiques, réglés par les
saisons, que ces travaux obligent ceux qui les
font, comme ceux qui les dirigent, à une vie
sédentaire, on ne doit pas être étonné du peu
d'empressement que le plus grand nombre des
citoyens ont pour les affaires publiques, et au

---

(1) Malheureusement on n'a que trop reçu de ces funestes
leçons lors de l'émission des assignats et des mandats, et lorsque des compagnies accaparèrent des domaines nationaux pour
les revendre. Dans le Bas-Rhin, par exemple, combien de fa-
milles n'ont-elles pas été ruinées par les prêts usuraires des
juifs ? Les plaintes en ont souvent retenti dans les assemblées
et au conseil.

contraire de la tendance que les esprits ont vers la monarchie tempérée (1).

Vingt-cinq ans d'agitations n'ont pu en détourner les Français; souvent dans cet intervalle ils se sont rappelé que jamais les troubles en France n'ont cessé que lorsque la nation a mis sa confiance dans ses Rois.

Ce fut la sagesse de Charles V qui termina les discordes civiles et les guerres etrangères; ce fut Henri IV qui appaisa les fureurs de la ligue; et la fronde n'osa plus se montrer sous le règne de Louis XIV.

Comme Charles et comme Henri, Louis XVIII en remontant sur le trône, ne découvre au loin et près de lui que des malheurs : il ose comme eux entreprendre la restauration de ruines immenses; comme eux, enfin, il triomphe de ses ennemis et leur pardonne; sans élever des trophées, il s'immortalise en plaçant son nom à la tête d'une charte qui fixe les droits du souverain et les devoirs des peuples. Elle suffit à notre bonheur, et cependant le Roi, pour l'augmenter s'il est possible, consent, par son ordonnance du 13 juillet 1815 : que cet acte de souveraineté soit *revu, et que plusieurs articles*

---

(1) Ce fut cette tendance qui fit supporter l'élévation de Buonaparte après la tourmente révolutionnaire.

en soient modifiés. Mais si cette révision n'est pas indispensable, si au lieu d'être utile à la stabilité du trône et à la prospérité publique, elle peut précipiter de nouveau la nation dans des convulsions, si l'expérience n'est pas suffisamment acquise, si les vœux ne sont pas unanimes, s'il n'est ni dans l'intérêt de la France ni convenable à la dignité royale que le souverain devienne un être *simplement moral comme en Angleterre* (1), il doit être permis à tout citoyen qui aime son prince et son pays d'observer respectueusement à S. M. que sa religion a été surprise.

Le plus dangereux de tous les sophismes n'est pas celui qui attaque ouvertement les bases du gouvernement, mais celui qui, sous une apparence de justice, conduit à de fâcheux résultats.

L'année dernière, les fidèles serviteurs du Roi étaient accusés de vouloir détruire la charte constitutionnelle; mais depuis que Monsieur a juré, entre les mains de S. M., de l'observer et de la maintenir, que les Princes ont manifesté la même intention devant les habitants du nord et du midi, on n'ose plus montrer une

---

(1) Œuvres de M. de Lévis, déjà cité.

méfiance qui n'atteindrait pas le but (1), et l'on tient un autre langage.

On annonce hautement que tout mouvement révolutionnaire est devenu impossible, qu'ainsi il n'y a aucun inconvénient de contre-balancer le pouvoir monarchique, et que même le souverain y gagnerait, parce qu'il obtiendrait tout par amour, sans avoir besoin de rien exiger.

C'est en employant des expressions aussi flatteuses, qu'il y a peu de temps l'on couvrait d'un voile la trahison la plus noire, et que l'on a de nouveau bouleversé la France.

Par quelle fatalité faut-il donc que, se jetant dans de nouvelles abstractions, cette charte, qui offre toutes les garanties que l'on peut désirer, soit déchirée à sa naissance? C'est la main du temps qui imprime aux lois le sceau du respect ; et à peine la France est-elle replacée sous l'égide de la royauté, que l'on met en question s'il convient d'affaiblir l'autorité royale! Car demander l'adoption du systême anglais, c'est comme on l'a déjà dit, ne laisser au Roi que de vains honneurs. Pour en être

---

(1) Voyez le Discours du Roi, 26 mars 1815, à la chambre des pairs et des députés réunis, et ceux des princes aux colléges électoraux tenus à Lille et à Bordeaux.

(28)

convaincu, il suffira de parcourir l'ouvrage de
M. de Laborde, déjà cité.

Le principe de *stabilité*, dit cet estimable
auteur, est établi par les constitutions anglaises dans la chambre des pairs, *par la haute
propriété* ou *l'aristocratie héréditaire*; celui
d'action dans la chambre des communes, où se
réunissent *le talent*, *la naissance*, *les propriétés industrielles* ou *l'aristocratie élective*;
celui *d'arbitrage ou de justice* est dans l'autorité *royale*.

Ainsi la couronne placée entre *les droits de
la pairie et les priviléges des communes*, est
réduite à de simples *prérogatives* qu'elle n'est
pas même certaine de conserver; car enfin les
corps, et particulièrement ceux de longue
durée, ne laissent échapper aucune occasion
d'accroître leurs attributions: il est vrai que
quelquefois dans la lutte ils perdent de leurs
avantages, mais les chambres courent moins
de risques que la souveraineté; elles peuvent
voir diminuer leurs attributions sans être exposées à un anéantissement total; c'est ce qui fait
qu'elles ont ordinairement moins de prudence
dans leur marche, et que leur agression plus
violente, devient plus dangereuse, parce qu'elle
touche par plus de points à la multitude qui,
toujours irréfléchie, leur applaudit et mécon-

naît le bien que lui fait un gouvernement sage, dont la main est invisible comme celle de la Providence (1).

Le principe de *stabilité* serait donc mieux placé dans l'autorité royale que dans tout autre portion du corps législatif : elle a intérêt d'agir avec prudence, et seule elle peut agir à propos. De même si *le foyer d'action* pouvait exister comme on le prétend dans la chambre des communes, ce serait encore le Roi qui aurait besoin de moyens tempérants, la chambre des pairs ayant aussi à redouter l'impression des orateurs indiscrets.

Or on ne peut nier, en voyant les débats du parlement d'Angleterre, que s'ils ne sont pas

_____

(1) « Pour parvenir au despotisme, la marche de l'autorité » est lente, celle d'un corps est rapide, dans un instant il crée » et détruit ; de tous les pouvoirs, le législatif tend le plus à » l'autorité absolue ; le renversement des lois, difficile au sou- » verain, le législateur peut l'opérer en un moment ; les lois » n'ayant besoin pour exister que de sa volonté, il peut les » anéantir et marcher sans obstacle à l'usurpation. Toutes les » fois que ce pouvoir a cherché à entraver le prince et à le dé- » truire, le peuple s'est réuni à lui, et n'a vu qu'un despote » dans un prince bienfaisant. (C'est ce qu'a fait la Convention.) »

(*De la Religion et de la Morale*, *considérées comme bases du bonheur des peuples et de la stabilité des trônes*, ouvrage inédit.)

toujours suivis de mouvements populaires, ce n'est pas une raison pour ne les craindre jamais. Est-il bien prouvé d'ailleurs que le principe *de stabilité* puisse se conserver dans la chambre des pairs (1)? On a dû remarquer qu'en général les corps permanents sont plus enclins à la résistance; qu'ils conservent et acquièrent plus aisément de la prépondérance : la longévité de l'ancienne magistrature faisait sa force, on a peut-être eu tort de s'en plaindre; mais le Roi aussi doit avoir la sienne, sans cela son pouvoir serait souvent compromis; car enfin l'élévation des personnes, leur fortune, ne les préservent ni des passions ni de l'erreur. Les plus grands seigneurs n'étaient-ils pas à la tête de la ligue et de la fronde? Pendant la révolution, n'a-t-on pas gémi de voir des noms respectables ternis par ceux auxquels ils étaient associés? Dans les derniers jours du deuil qui a couvert la France, n'y a-t-il pas eu des hommes dont la parole royale avait légitimé les honneurs et la fortune? Cependant ces hommes ont attesté que, dévoués à l'empereur, ils n'avaient pas besoin de changer de principes pour le servir

---

(1) Ici, comme dans tout cet examen, on prie de croire qu'on ne fait aucune application, mais qu'on s'occupe seulement du systême.

de nouveau : sans doute la faute en est aux circonstances; mais ces hommes si hasardeux, que l'on trouve figurant dans toutes les occasions, qui, pourvu qu'ils se montrent, s'inquiètent peu où on les voit, peuvent-ils rassurer pour l'avenir; s'ils se trouvaient exposés à de nouveaux dangers, s'ils croyaient avoir quelque chose à redouter, ne seraient-ils pas tentés de rechercher encore des forces dans le peuple et à le faire agir pour se conserver?

Ces réflexions doivent faire désirer, pour l'intérêt de la chambre des pairs, pour celui de l'état, que le Roi conserve une prépondérance qui préserve l'un et l'autre des écarts où quelques individus pourraient se laisser entraîner; et puisque l'on convient *que la puissance de la chambre des pairs s'étend sur celle des communes, dont elle dirige en partie les élections qu'elle influence souvent, et dont elle ne peut jamais être influencée* (1), que de plus *le peuple n'est pas plus représenté par les communes que par les lords* (2), on doit craindre que la coalition entre les partis qui peuvent se former dans les deux chambres, ne devienne facile. Si ce malheur arrivait, il faudrait une grande

____

(1) Voyez l'ouvrage de M. Deleborde.
(2) Voyez l'ouvrage de M. de Lévis.

modération, un grand ensemble de vertus,
pour que l'on n'essayât pas de porter atteinte à
l'autorité royale, à laquelle on ne veut accorder qu'un principe *d'arbitrage* et *de justice.*
Si la chambre des pairs ne peut être le centre
du principe de stabilité, il serait dangereux
que celle des communes devînt le centre du
principe d'action; composée de manière à
représenter tous les intérêts *commerciaux,*
manufacturiers, capitalistes, coloniaux, et
surtout les *créanciers de l'état, propriétaires*
de la dette publique, on ne peut se dissimuler
que de la divergence de ces intérêts il doit en
résulter de la confusion (1), laquelle entrave
nécessairement les opérations du gouvernement. Dans l'énumération qui précède, il est
également bon de faire observer que l'on a passé
bien légèrement sur la désignation de la propriété foncière, on conçoit que, moindre en
Angleterre que partout ailleurs, elle peut être
comprise dans l'expression *propriétés de tout*
genre; mais en désignant spécialement *cette*
aristocratie immense qui s'achète et se vend
par sommes considérables, et au moyen de

---

(1) On en a un exemple dans la discussion qui a eu lieu, re-
lativement au tabac et à la taxe des fers, chacun s'est empressé
de réclamer, et l'intérêt personnel s'est trouvé en présence.

laquelle les plus grands amoncellements de la propriété peuvent se faire dans la même main, sans apparence aux yeux du public, on semble lui attribuer une prépondérance dont elle n'est que trop disposée à abuser.

C'est en effet pour avoir voulu faire consister la propriété dans les richesses, et surtout dans le calcul de leur accroissement progressif, que l'on a fait taire la bonne foi, inspiré la ruse et amené la méfiance. Pendant que l'esprit fiscal a tout rapporté à la valeur numérique, afin d'enrichir le trésor, les particuliers ont saisi toutes les occasions de cacher leur fortune, afin de payer le moins possible. Dans cet état l'avantage est pour l'homme à portefeuille, parce que, calculateur adroit, il connaît les besoins du gouvernement et ceux du propriétaire, en sorte qu'il ne prête ses capitaux à l'un ou à l'autre qu'à des conditions qui puissent l'indemniser, même au-delà des sacrifices que l'on a exigés de lui.

La chambre des communes, étant l'arène dans laquelle tous ces intérêts doivent combattre, ne peut être dépositaire du principe d'action qui donne la vie au gouvernement; c'est à lui, au contraire, que doit en être confié l'usage, ainsi que la conservation de tous les principes : en effet il maintient le principe de stabilité en rendant la loi obligatoire pour tous; il développe le principe d'action, parce que c'est par lui que la loi agit sur toutes les branches de l'administration.

Les ministres, appelés à seconder le pouvoir royal, ne peuvent donc être que comme ils l'ont toujours été en France, les mandataires du roi (1); il doit pouvoir leur accorder sa confiance, ou la leur retirer à son gré.

Ce serait enlever un des principaux droits de la royauté que de transmettre aux ministres un pouvoir particulier; la discussion prématurée sur la responsabilité des ministres, a dû éclairer sur les véritables motifs qui l'avaient provoquée, et l'on doit se méfier de toutes les tentatives qui auraient pour but de dénaturer leurs attributions qui, en France, sont séparées; et ce serait heurter toutes les idées reçues que d'établir une sorte de solidarité, à laquelle peut-être beaucoup d'hommes de mérite ne voudraient pas se soumettre. Ce refus, qui consiste à ne pas vouloir s'immiscer dans les fonctions de ses collègues, ni per-

---

(1) Il est très remarquable que ce fut Robespierre qui le premier s'opposa à l'art. Ier. du projet de loi sur les ministres, qui portait qu'au roi seul appartient le choix et la destitution des ministres. (Séance du 8 avril 1791.)

mettre qu'on s'empare des siennes, n'a rien de commun avec les communications nécessaires pour qu'il y ait accord dans la marche général des affaires et dans leur résultat : cet ordre dépend de la volonté du Roi, et c'est en sa présence que les grandes opérations se coordonnent entre elles.

Porter le pouvoir du gouvernement dans un conseil ministériel qui pourrait résister au Roi lui-même, c'est l'élever sur le trône comme les dieux de l'antiquité l'étaient au fond des temples pour recevoir l'encens des mortels, tandis que les prêtres rendaient les oracles et s'appropriaient les holocaustes (1).

C'est encore une grande erreur de soutenir que si les ministres n'ont pas un pouvoir qui leur soit propre, il est inutile de les rendre responsables ; ce paradoxe se détruit par la seule distinction des devoirs dont chaque ministre doit s'acquitter.

---

(1) On peut bien consentir à répondre de ses actions, parce que l'on est convaincu qu'on ne fera rien de répréhensible, mais on ne veut pas être exposé pour les fautes d'autrui.

En vain, pour prouver la nécessité d'un ministère unique et de le fortifier, cite-t-on l'exemple d'une maladie mentale ; ce triste accident produit le même effet qu'une minorité, et la régence, déférée à l'héritier présomptif, fait tout rentrer dans l'ordre.

Les ministres sont de grands administrateurs, et comme tels ils ont des ordres spé-
ciaux à donner et à signer; leur caractère est
plus élevé lorsqu'ils contresignent les ordonnances qui émanent directement du trône :
dans l'un et l'autre cas, ils sont responsables,
mais leur responsabilité n'est pas la même, et
produit des effets différents.

Lorsqu'ils agissent comme administrateurs,
ils sont responsables des ordres qu'ils donnent,
des agents qu'ils emploient, enfin de l'exécution des lois et réglements dont ils sont char-
gés, comme tout mandataire l'est envers ceux
dont il accepte le mandat; mais lorsque leur
signature doit être placée au-dessous de celle
du Monarque, il leur suffit de s'abstenir pour
échapper à la responsabilité ; alors ce refus,
loin d'être une désobéissance, est le témoignage
le plus fort et le plus respectueux qu'un ministre puisse donner au Roi de son attachement. François Olivier, chancelier de France,
acquit cette gloire en refusant de sceller *aucune provision nouvelle.*

Une telle responsabilité est toute entière
dans l'intérêt du Roi et de l'état, parce que par
elle le prince est préservé de toute surprise,
et que le peuple trouve nécessairement un dé-
fenseur lorsqu'on aura essayé de surprendre

la religion du souverain ; mais il y a bien de la différence de cette responsabilité qui autorise des remontrances, un refus, même une démission, à la concession du droit d'agir directement, auquel sans doute on attache une grande importance, puisqu'on se plaît à répéter qu'*il ne suffit pas que le Roi ait des ministres, mais qu'il doit avoir un ministère.*

Cette institution cependant peut devenir redoutable, soit que le ministère ainsi constitué s'empare de l'opinion des deux chambres, soit qu'il en soit persécuté; car la pureté des hommes qui composent une assemblée n'empêche pas qu'elle ne *se divise toujours suivant l'avis des différents orateurs qui forment plusieurs partis et se résolvent en deux distincts.* Si donc le ministère ne parvient pas à faire prédominer celui qui lui est favorable, il n'est pas démontré que ces débats, si souvent orageux, se terminent à l'avantage de la chose publique; il ne l'est pas non plus que l'opinion que l'on suppose, si librement manifestée par la liberté de la presse, n'en soit pas le plus souvent égarée; en effet s'il y a des partis dans l'assemblée, le public se passionne pour l'un ou l'autre orateur, et il ne choisit pas toujours pour le mieux (1). Si ensuite *les*

(1) La multiplicité des propositions et des discussions, que

chefs d'opinion deviennent ceux de la chambre, et que ce soit par eux seuls qu'elle veuille se laisser conduire dans la direction des affaires de l'état, enfin que par ses suffrages elle indique tacitement, mais obligatoirement, ceux qu'elle croit les plus propres à remplir les places du ministère, et même celui qu'une majorité décidée porte au premier rang; que vainement le Roi voudrait se refuser à confirmer ce choix, il ne retirerait de son dissentiment que déplaisir et mortification: l'administration qu'il aurait choisie fut-elle bonne, se verrait combattue, censurée, contrariée dans toutes ses mesures; aucune loi ne passerait; enfin les subsides seraient refusés en exécution de ce principe reconnu par les artisans du système, qu'à moins de danger imminent pour la patrie, il faut empêcher un mauvais ministre de faire de bonnes choses, ensorte que la majorité de la chambre userait impitoyablement de son privilége, dont l'effet serait de forcer ultimativement le Roi à faire premier ministre ce chef de la majorité. Ce qui donne néces-

___

l'on présente comme remède, peut occasionner de grands maux; elle peut discréditer une opération de finance, rendre odieuse une perception, préparer-les voies à l'agiotage, et faire pis encore, comme on l'a vu dans ces derniers temps.

sairement du ressort à l'ambition ; car, qui est-ce qui ne désire pas d'être ministre ? Qui est-ce qui ne s'en croit pas capable ? surtout après une révolution qui a rapproché les hommes de toutes les places (1).

Mais si au contraire l'adresse des ministres était telle qu'ils fussent parvenus à faire desirer aux chambres leur conservation, ne doit-on pas trembler lorsque l'on convient que la puissance du gouvernement unie aux chambres, consiste *dans la disposition libre et même caprécieuse des personnes et des choses, dans la domination sur tous les intérêts, sur toutes les volontés individuelles, dans la mise des impôts les plus onéreux et les plus bizarres, sans opposition,* d'où il suit *que le ministère gouverne l'état au nom du Roi, qu'il est secondé dans tout ce qu'il propose par la majorité de la chambre et combattu par la minorité qui devient parti d'opposition* (1).

Dans cet état, le Roi ne gouverne plus, mais le ministère, qui alors pour conserver la faveur

---

(1) N'at-t-on pas entendu des individus, après avoir critiqué amèrement la conduite des ministres, après les avoir tourmentés de leur loquacité et de leur galimathias métaphysique, laisser échapper : *Lorsque nous serons ministres.....*

(2) Ouvrage de M. Delaborde, p. 76.

d'une majorité souvent inquiète et quelquefois
exigeante fait ce qu'il lui plaît : aussi a-t-on vu
*le Roi d'Angleterre forcé de céder à la majo-
rité des communes, et d'appeler dans le cabinet, malgré son avis, MM. Fox, Burck et
leurs amis ; encore que la nation ne vît pas
ce nouveau ministère sans inquiétude.*

Au lieu de cette lutte qui se renouvelle très
souvent, attendu qu'il est rare *que la division
de la chambre des communes en deux sec-
tions presque égales dure long-temps :* on ne le
désire même pas ; car si l'opposition avait la
majorité, *elle serait fort embarrassante, et
il serait nuisible au gouvernement d'éprou-
ver une opposition trop forte qu'il ne pourrait
pas assez facilement refouler.*

Ne vaudrait-il pas mieux, puisqu'il est reconnu nécessaire que le gouvernement *refoule
l'opposition*, de lui en donner les moyens di-
rects, sans forcer les ministres à se livrer à des
manœuvres honteuses, ou le Roi à s'abaisser
jusqu'à l'intrigue contre ses ministres (1) ?

---

(1) « On voulut persuader à Louis XVI que les ministres
» pouvaient être exclus par le corps législatif, qu'il devait re-
» courir à ce corps pour se débarrasser de ceux qu'il désirait
» écarter, sans paraître les remercier : c'était une erreur ; les
» ministres, revêtus d'un caractère éminent, ne sont point, à

Lorsque l'on observe ensuite que *M. Pitt qui a été un des plus grands ministres de l'Angleterre fut long-temps en minorité dans les deux chambres, que les orateurs ne montrèrent de plus grands talents que contre lui et ses amis, que serait devenue l'Angleterre, si le Roi n'eût été inébranlable.*

En France, le genre de contre-poids qu'on est forcé d'employer pour diminuer la force du parti de l'opposition, ne réussirait pas, soit que l'on *prodigue les grâces*, soit que l'on ménage *des arrangements particuliers avec les chefs des coalitions qui divisent les partis en plusieurs branches, au moyen desquels le Roi peut recomposer un nouveau ministère soutenu d'une majorité plus considérable.* Tant de combinaisons repugneraient aux Français : ils veulent aller plus directement au but ; habitués à tout fronder et à user malignement de ce droit, leur vivacité derangerait à chaque instant les calculs des hommes les plus habitués à manier les affaires publiques.

Un dernier moyen, il est vrai, a été réservé au Roi pour, s'il est possible, garantir les

---

» proprement parler, une autorité, mais les bras du pouvoir
» exécutif. » (Ouvrage de M. de Soulaines.)

droits du trône ; c'est celui de la dissolution de la chambre ; mais peut-on espérer que cet acte du pouvoir suprême ramènera le calme ? Si l'intrigue a été assez forte pour soutenir le ministère, ne fera-t-elle pas tous ses efforts pour étendre son influence sur les élections nouvelles ? Or, si elles sont en faveur des ministres, le remède deviendra pire que le mal, surtout si le chef de la coalition voulait autre chose que le maintien de la royauté, Dans cette malheureuse position, où le Roi trouverait-il un ami pour l'éclairer, le préserver, le consoler ? Que l'on ne traite pas ces craintes de chimériques ; *l'évêque Lecocq ne s'empara-t-il pas du conseil de Charles V, sans se mettre en peine d'obtenir sa confiance ; et ne se rendit-il pas le ministre de ses volontés pour le contrarier plus efficacement ?*

Depuis le commencement de la révolution, chaque élection nouvelle n'a-t-elle pas amené des changements dans la forme du gouvernement, ou son renversement ? Il est vrai que, malgré la popularité qui semble exister dans les institutions anglaises, les élections s'y font le plus ordinairement sous *l'influence royale.* Cette expression n'est peut-être pas celle dont il faudrait se servir ; car si cette influence est dans la main des ministres qui régissent tout, et que ce soit eux que le Roi veuille renvoyer, il est à craindre que l'avantage ne leur reste; si au contraire le Roi est satisfait des ministres, on ne voit pas quel bien il résulte de toutes ces distinctions de *prérogatives du Roi, pouvoir du gouvernement, pouvoir du ministère;* et l'on doit conclure qu'alors les questions qui s'agitent dans les assemblées ne sont que des discussions frivoles et des oppositions en paroles, quoique l'on affirme qu'elles *évitent au peuple la servitude, et au Roi la rebellion.*

Lorsqu'il s'agit de discussions aussi importantes et aussi neuves, il semble qu'on ne doit point hasarder de décider, et encore moins se presser de réformer la charte constitutionnelle. Ce ne sont point les principes qu'il est difficile d'établir, ce sont des hommes qui en fassent une juste application, qui sont rares à trouver. Or, en rendant les ministres responsables, et en prescrivant *que des lois particulières spécifiront cette nature de délits* (de trahison et de concussion) *et en détermineront la poursuite,* la charte a fait tout ce qu'elle pouvait faire : il ne reste donc plus qu'à s'occuper de ces lois particulières.

Elles sont sans doute difficiles à faire, puisqu'en Angleterre, où plus d'une fois on a accusé les

ministres, on n'a pas encore défini en quoi consiste positivement leur responsabilité (1).

Mais quelle que soit cette responsabilité, quel
que soit le mode d'accusation et de jugement
que l'on adopte, quelles que soient les peines que
l'on détermine, toujours sera-t-il vrai de dire
qu'au Roi seul appartient le droit d'instituer
ses ministres, qu'ils sont dans sa dépendance,
et que même dans le cas d'accusation ou de
jugement pour les cas prévus par les lois, son
autorité doit y intervenir par l'intermédiaire
de ses procureurs généraux, ainsi que cela
s'est pratiqué de tout temps.

Henri IV, après être entré dans Paris, n'a-
bandonna point son pouvoir à ses ministres; et
encore qu'il déférât souvent aux conseils de
Sully, jamais celui-ci ne s'oublia au point de se
croire indépendant. Au surplus, le principe
posé, et il l'est dans la charte, tout ce qui est
relatif à la responsabilité des ministres fait partie de la législation ordinaire.

Loin de diminuer les difficultés en voulant
introduire dans la charte les dispositions qui
peuvent y être relatives, on ne ferait que les

---

(1) On n'aime, on ne hait pas toujours les ministres que l'on
défend ou que l'on accuse, mais on a besoin de leur nom pour
faire du bruit, et on en fait l'idole ou la victime du moment.

augmenter ; d'ailleurs, pour qu'elles soient dignes d'y être inscrites, elles doivent être si parfaites qu'il n'y ait plus à y retoucher ; et nous sommes loin de pouvoir obtenir cette perfection, à la suite des agitations, et lorsque nous n'en sommes encore qu'aux essais.

Les raisons d'après lesquelles on doit s'abstenir de toucher à l'article 56 de la Charte, repoussent également toute modification à l'égard des autres articles ; en effet, sur quoi peut porter la demande en révision de l'article 16, *le Roi propose la loi ;* voudrait-on redonner l'initiative à l'une des chambres ? On a donc oublié combien la multiplicité des lois proposées au cinq-cents, rejetées quelque fois aux anciens, le plus souvent accueillies, apportait de confusion, et avec qu'elle peine le directoire résistait aux efforts des deux conseils s'agitant pour accélérer sa chute.

Par la constitution de 1792, l'initiative aussi étoit dans l'assemblée : le Roi pouvait seulement l'inviter à s'occuper des objets qu'il croyait nécessaires. On se souvient encore des discussions scandaleuses sur le *veto* absolu et sur le *veto* suspensif : faculté dérisoire, puisque toutes les fois que le Roi croyait devoir en faire usage, il était arrêté par la crainte de résister à un vœu que l'on avait soin de présenter comme celui de toute la nation, à laquelle on avait persuadé d'avance, par de virulents discours, que son salut dépendait de la loi refusée ou ajournée.

On aime cependant à se persuader que si les passions excitées par l'esprit de faction étaient appaisées, les propositions ne seraient plus faites qu'à bonne intention; mais cette bonne intention ne peut-elle pas s'égarer faute de connaissances positives et préliminaires; il y a telle mesure bonne en soi, qui devient inexécutable ou même dangereuse à cause de ses rapports avec plusieurs autres branches de l'administration; elle peut contrarier des traités politiques ou commerciaux, faire échouer des projets en les dévoilant avant le temps, arrêter ou diminuer une portion des revenus; la présence des ministres dans les chambres n'obvira que faiblement à ces graves inconvénients; lors même qu'ils parviendraient à faire retirer la proposition.

C'est aussi s'alarmer sans motif que de supposer que si l'initiative n'est pas dans les chambres, jamais les besoins des peuples ne seront connus: l'art. 19 de la charte doit tranquilliser; il laisse aux chambres *la faculté de supplier le Roi de proposer une loi sur quelque objet que ce soit, et d'indiquer ce qu'il leur paraît convenable que la loi contienne.* Rien ne s'oppose donc à ce que les chambres instruisent le Monarque des besoins du peuple ; si le Roi s'est réservé la proposition directe, c'est que le gouvernement par sa position peut mieux saisir les nuances de tous les intérêts, les concilier avec les dispositions légales que l'on veut faire admettre, et enfin qu'il doit, comme une des trois branches du pouvoir législatif, concourir à la formation de la loi. Tous les cas sont donc prévus par l'art. 19. La vérité arrive au trône sans obstacle ; une discussion préalable éclaire sur l'importance des propositions ; les délais qu'il faut observer permettent de reconnaître les vices qui auraient échappé au premier aperçu, de sorte que si l'une des branches du pouvoir législatif refuse d'adopter, c'est au moins une preuve que les avantages de la loi ne sont pas démontrés à tous les yeux ; et l'art. 21, qui décide qu'une proposition rejetée ne pourra être représentée que dans la session suivante, n'a fait que se conformer au vœu de la raison ; qui dans le doute veut que l'on s'abstienne.

Les art. 25 et 33 n'impliquent pas non plus contradiction comme on voudrait le persuader ; et on en sera convaincu, si on rapproche l'art, 25 de l'art. 24 (1). L'art. 25 veut que la chambre des pairs ne soit convoquée qu'en même temps que celle des députés, parce que cet article ne considère cette chambre que comme faisant partie du corps législatif, en sorte qu'il est indispensable que dans ce cas la session législative de l'une et de l'autre chambre commence et finisse aux mêmes époques. Mais dès qu'on donne à la chambre des pairs des attributions qui ne sont plus législatives (1), et qu'on l'érige en tribunal pour juger les crimes de trahison et ceux de ses propres membres, sa réunion n'a plus rien de commun

---

(1) Art. 24. La chambre des pairs est une portion essentielle de la puissance législative.

Art. 25. Elle est convoquée par le roi en même temps que la chambre des députés des départements; la session de l'une commence et finit en même temps que celle de l'autre.

(2) Art. 33. La chambre des pairs connaît des crimes de haute-trahison et des attentats à la sûreté de l'état.

Art. 34. Aucun pair ne peut être arrêté que de l'autorité de la chambre, et jugé que par elle en matière criminelle.

On objectera peut-être que la chambre des députés doit accuser; mais ce n'est qu'à l'égard des délits commis par les ministres, et lorsque l'on discutera la loi sur leur responsabilité, on verra s'il est nécessaire que ses membres concourent aux débats dans la chambre des pairs; quoique ce concours d'ailleurs ne soit pas sans danger, cela ne change rien à l'exécution des art. 33 et 34.

avec celle de la chambre des députés : on n'a donc à s'occuper que de la forme de procéder, et à déterminer les peines qui doivent être infligées en cas de culpabilité.

Peut-être, en discutant cette loi, y aura-t-il lieu d'examiner si en effet, comme on le prétend, on ne peut avec les lois actuelles atteindre, non les auteurs d'une conspiration effectuée, mais ceux dont les monstrueux projets auraient été déçus par de sages précautions (1).

La loi à faire pour l'exécution des art. 33 et 34 est donc encore une simple loi judiciaire; et les art. 25, 33 et 34, n'étant ni contradictoires, ni destructifs les uns des autres, doivent être respectés.

L'art. 35 aussi s'exprime comme il le doit, il porte que « des lois détermineront l'organi- » sation des colléges électoraux ».

Il n'est donc plus question que de rédiger ces lois organiques, mais comme lors de leur exécution, il peut se rencontrer des circonstances qui exigent de les modifier, elles ne peuvent

____

(1) Si le général Excelmans a été acquitté par un conseil de guerre, il n'est pas démontré que ce soit la faute du Code; et si le général Carnot n'a pas été poursuivi pour son dangereux Mémoire, ce n'est pas à la législation qu'il faut l'imputer. Les événements subséquents en expliquent les motifs.

Rétablissem. 4

avoir un caractère fixe, principale qualité d'une charte constitutionnelle. Les art. 36, 37, 38, 39, 40, 41, 42, 43, 44, 45, sont aussi fondamentaux et doivent rester intacts; on chercherait vainement à faire mieux, car depuis long-temps les vœux formés pour que, dans les élections, l'homme qui unit les lumières à la probité ait la préférence, ont été rarement exaucés, malgré les essais qui ont été faits sous divers gouvernements.

On a employé alternativement le sort et les suffrages, ensemble ou séparément; les calculs de probabilité ont été épuisés; on a même établi des scrutins de rejet à l'aide desquels en faisant subir au candidat élu une nouvelle épreuve, on a cherché à priver l'élisant du droit d'être éligible : ce qui n'a fait qu'accroître l'influence du népotisme ou des liaisons intéressées. C'est donc en gémissant que l'on est forcé de convenir que c'est moins la chose publique qui occupe dans les assemblées élisantes, que le désir de faire son chemin ou de le faire faire aux siens; et comme le plus difficile est ordinairement de franchir la première barrière, on cherche a s'en emparer (1). Si l'on veut enfin

---

(1) Il y a sans doute des exceptions, et l'on pourrait en citer.

cesser d'être dupe des grands mots de liberté
et de dépendance dont on a si souvent abusé
auprès des hommes de bonne foi, que l'on considère la fortune colossale des parvenus, ne
doit-elle pas apprendre à se méfier du désinté-
ressement de tant d'individus qui s'annoncent
comme les bienfaiteurs de l'humanité et les sur-
veillants de la fortune publique. Moins cupide
autrefois, on n'espérait sa retraite qu'après
un long travail ; le magistrat, simple dans ses
mœurs privées, modeste dans sa vie publique,
rendait la justice sans espoir de récompense ;
le militaire couvert de blessures vieillissait dans
le service, la croix de St.-Louis était l'hono-
rable témoignage qu'il ambitionnait le plus ; le
commerçant ne se livrait au repos qu'après
avoir élevé sa famille et établi ses enfants ; dans
tous les états où l'on était sagement classé, on
préférait une médiocrité certaine à une fortune
brillante et rapide qu'un événement amène et
qu'un événement renverse : plus ambitieux
maintenant, chacun brûle de s'élancer dans la
carrière et d'y devancer ses rivaux ; la tranquillité dont jouissaient nos pères est dédaignée ;
elle est aux yeux des zélés modernes *le som-
meil des tombeaux* : les temps d'orage conviennent bien mieux en effet à l'intrigue ; on
peut se glisser plus aisément dans les rangs,

s'élever plus haut par la violence ou la ruse,
se prévaloir des bonnes actions et du talent des
autres ; couvrir, même faire oublier ses fautes
et obtenir de grands succès : seulement le capri-
cieux destin peut les renverser en un instant,
et l'on sait qu'alors la paix n'habite plus dans le
cœur de l'ambitieux forcé à la retraite. C'est
donc un service à rendre au public et aux particuliers que de resserrer le cercle ; or, les articles de la charte d'après lesquels le nombre des
concurrents se trouve diminué, en exigeant la
maturité de l'âge et la garantie de la fortune (1)
sont d'autant meilleurs, que l'une et l'autre de
ces qualités sont essentielles au législateur, si
l'on veut qu'il ait de la prudence et intérêt à
maintenir l'ordre.

La plupart des innovations sur lesquelles nous
avons eu tant à gémir ont été l'œuvre de l'inex-
périence ; tant d'autres fonctions conviennent
à la jeunesse, qu'il est étonnant qu'on ait voulu
l'appeler au sein des assemblées législatives (2).
Dirigée par des chefs habiles, l'activité des jeunes

---

(1) Il n'y a encore que trop de moyens d'échapper à ces
conditions, et de présenter l'acquit de contributions comme
réelles, lorsqu'elles ne sont que fictives.

(2) On a imité en cela les créateurs de la dernière chambre
des représentants : quel en a été le résultat ? A peine autrefois
à vingt-cinq ans avait-on l'usage de ses droits personnels.

gens peut être utile à l'état et à eux-mêmes, parce qu'en servant ils apprendront à mieux servir encore. En vain invoquerait-on pour admettre l'exception générale, celle qui réduit à vingt-cinq ans l'âge auquel les pairs peuvent entrer dans la chambre, et à trente celui qu'il faut avoir pour obtenir voix délibérative ; c'est un privilége semblable à celui de la majorité des rois, que de hautes considérations peuvent faire admettre, mais qu'il ne faut pas étendre.

Il est bien encore une classe d'individus qu'il serait bon d'écarter, ce sont les hommes insignifiants qui, n'ayant point la conscience de leur nullité, se trouvent ordinairement sur tous les passages. Les sollicitations ne leur coûtent rien, et comme la raison ni la jalousie n'ont pu prévoir leurs prétentions, ils l'emportent nécessairement sur l'homme éclairé que l'envie attaque et que la calomnie déchire ; aussi modeste qu'incapable d'intriguer, il compte sur la justice qui lui est due ; tandis qu'on ne lui prodigue que des politesses qui dissimulent le dessein que l'on a de l'écarter, les autres obtiennent.

Blâmerait-on enfin les art. 41 et 43 qui défèrent au roi le droit de nommer les présidents des colléges électoraux et celui du corps législatif? Si malheureusement cela était, on voudrait donc enlever au roi jusqu'au moyen de contenir les assemblées dans l'ordre constitutionnel; c'est vraiment une chose bien étrange, qu'on soit toujours en méfiance contre l'autorité royale, qui peut tout au plus se tromper quelquefois, car jamais elle n'a intérêt de faire le mal, et que l'on ne veuille pas souffrir qu'il soit pris aucune mesure pour se préserver de l'anarchie, qui peut rapidement tout embraser.

Jamais peut-être n'avons-nous eu plus besoin d'investir le gouvernement d'une grande force, et c'est aux membres des diverses branches du pouvoir législatif qu'il convient de donner l'exemple de la déférence qui lui est due; autrement, eux-mêmes ne seraient point à l'abri des frondeurs de tous genres qui s'élèveront contre les discussions auxquelles chacun d'eux pourra se livrer : quelques hommes sages sans doute prendront leur defense et chercheront à faire respecter la liberté des opinions; ils ne seront point écoutés, ou peut-être ils seront victimes de libelles que vomiront chaque jour les fauteurs d'une opposition qui n'auraient pas souffert qu'on les attaquât avec les mêmes armes. Les ministres de Napoléon n'eussent certainement pas toléré qu'on relevât le secret de leurs opérations désastreuses, ni laissé repandre avec profusion des mémoires capables d'ébranler son pouvoir comme ceux qui furent rédigés pour saper les fondements du trône. Les auteurs de tant d'ouvrages incendiaires, semblables au farouche Marcel, n'ont-ils pas voulu fermer au roi les portes de sa capitale? Libelles, affiches, pamphlets, rien n'a été épargné pour égarer le peuple et entretenir la division; peut-être même que, sans le généreux enthousiasme d'une foule de citoyens et de la garde nationale qui furent se ranger autour de l'oriflamme royal, le retour du roi eût été retardé, ou son entrée marquée par de sinistres événements.

Ainsi l'abus des écrits, l'abus des paroles peuvent entraîner une nation dans l'abîme; on nous assure que cette liberté absolue de tout écrire et de tout dire, répare le mal à mesure qu'il se fait; il est permis d'en douter après les exemples contraires qui ont passé sous nos yeux; car, sans parler de la morale, souvent attaquée, et qui cependant mérite d'être respectée, si l'on ne veut pas que la société tombe en dissolution, comment réparera-t-on les maux que les déclamations écrites ou parlées auront amenés, lorsqu'il y aura des voies de fait contre les personnes, les propriétés et même contre l'état?

Avec l'étendue de la France, la vivacité d'esprit dont les Français sont doués, l'on n'obtiendra que de fâcheux résultats, si l'on veut adopter le même système qu'en Angleterre, où néanmoins la licence des orateurs et des écrivains excite quelquefois de la fermentation, et où la répétition de quelques scènes semblables à celles de sir Burdet pourraient allumer un grand incendie. A Londres on s'en inquiète peu, on craint davantage l'exercice du pouvoir, et à un tel point que les étrangers ne peuvent cacher leur étonnement du peu de police qui y règne (1). A Paris on en serait effrayé, et l'on y préférera toujours de voir accroître le pouvoir royal, pourvu qu'il assure la tranquillité et l'ordre public.

La manière de voir et d'agir des deux nations

---

(1) M. de Lévis, pag. 35.

On serait encore plus étonné, si on ouvrait les lois anglaises, et si on en comparait toutes les formules et le nombre des tribunaux, à la série simple de nos réglements et à la hiérarchie de nos cours de justice; les subtilités de leur barreau à la marche simple de notre procédure, contre laquelle pourtant on élève la voix; enfin, si on opposait l'espèce de servitude monastique à laquelle on est assujéti les dimanches, à la joie bruyante de nos jours de fête.

n'étant pas la même , elles ne peuvent être assujéties au même régime : c'est un régime approprié aux habitudes des peuples que recommandait Pythgorae aux législateurs de la Grèce.

« Pourvoir, disait-il , aux besoins du peuple;
» la liberté n'en est pas un pour lui; il ne la
» demande point quand il se plaint ou mur-
» mure; le peuple ne vise pas si haut et se rend
» plus de justice; du travail pour se procurer
» du pain; du pain pour soutenir ses travaux ;
» du repos après le travail ; il ne lui faut, il ne
» veut que cela , il ne sort point de ce cercle
» étroit tracé à sa convenance , ce sont les am-
» bitieux qui lui font vouloir autre chose, et
» qui le traitent plus mal lorsqu'ils ont réussi;
» les révolutions sont au profit du petit nombre
» et la masse reste la même (1) ». On pourrait ajouter que quelquefois sa situation devient pire, attendu que l'usurpateur étant plus inquiet agit plus despotiquement.

A la lecture des conseils que donne le sage de Samos, à l'aspect du tableau qu'il nous retrace des malheurs dont sont menacés ceux qui les méprisent; on a droit de s'inquiéter , lorsqu'on voit la bienfaisante charte donnée par le

____

(1) Pythagore, traduction de Guiraudet.

Rétablissem.

roi, exposée aux chances d'une discussion qui sera nécessairement échauffée par des souvenirs de tous genres, que les orateurs ne manqueront pas de faire valoir, et comme malheureusement c'est dans l'opposition que l'on brille davantage, il est à craindre que cet appas séducteur ne les entraîne au-delà des justes bornes, et ne les expose un jour à regretter leurs succès.

Redoutez le piége, vous qui êtes appelés après le chaos à faire écouler le limon impur qui couvre encore une partie de la surface du royaume ; songez que si la fureur du peuple épouvante par son éclat, elle se dissipe comme la flamme des combustibles légers ; tandis que le brasier d'un bûcher allumé par la main des hommes instruits conserve long – temps son ardeur ; n'examinez donc pas la charte constitutionnelle à la lueur de ces feux mal éteints, elle en serait dévorée.

Placés dans l'alternative de porter atteinte à la charte constitutionnelle, ou de reconnaître que l'ordonnance est une surprise faite à la bonté du roi ; vous ne considérerez celle-ci que comme une proposition à laquelle il est permis de ne pas déférer, et sa majesté vous saura gré de lui faire connaître les dangers d'une révision qui serait un obstacle au rétablissement de l'ordre.

La charte donnée par le roi est un bienfait
que la reconnaissance et un respect religieux
doivent environner ; elle fut la plus douce récompense des députés qui en 1814 furent assez
heureux pour proclamer les premiers Louis le
Désiré et saluer son auguste famille. Plus heureux encore seront ceux de 1815, s'ils affer-
missent la couronne sur des têtessi chères !

Ils feront cesser les troubles, parce qu'ils
anéantiront les espérances de ceux qui veulent
détruire, et qu'ils raffermiront le courage des
hommes de bien.

FIN.

www.ingramcontent.com/pod-product-compliance
Lightning Source LLC
Chambersburg PA
CBHW061317060726
47596CB00003B/930